Parents, osez vous faire obéir

Docteur Stéphane Clerget

Bernadette Costa-Prades

Parents, osez vous faire obéir

Albin Michel

Sommaire

Introduction

Un enfant qui obéit... Tous les parents en rêvent ! Mais pour beaucoup cet objectif apparaît aujourd'hui bien difficile à atteindre : les règles ne sont plus valables pour tous comme autrefois et chaque famille doit fixer les siennes. Il n'y a plus un seul parent maître à bord, mais deux. La vie sociale impose un rythme pas toujours conciliable avec la patience dont il faut faire preuve pour élever les enfants. Il n'est donc pas très étonnant que l'autorité soit au centre de nos préoccupations. **De nombreux parents ne se font pas assez confiance** et sont pris de doutes à chaque fois qu'ils doivent imposer des limites à leur enfant. Pourtant, se faire obéir n'est pas compliqué, encore faut-il connaître les ressorts de l'obéissance, les balises indispensables à poser. S'ils ne sont pas très nombreux, ils sont en revanche incontournables.

Pourquoi est-ce si important qu'un enfant obéisse ?

La famille est le premier lieu où l'on apprend à se plier aux règles. Les enfants doivent intégrer la loi avant d'être en mesure de la respecter dans la vie civile. C'est dans ce cadre sécurisant que l'on apprend à accepter les contraintes. Celles-ci ne sont pas de hauts murs qui enferment, mais un chemin rassurant dans une vaste forêt sombre. Elles sont indispensables pour avancer dans la vie. **Un enfant qui sait obéir saura plus tard s'obéir à lui-même** et donc avoir son self-control. Un enfant qui se croit tout-puissant sera rejeté par les autres et donc malheureux. S'il se pense au-dessus de ses parents, non seulement il ne voudra rien apprendre ni d'eux, ni de personne, mais il pensera avec angoisse qu'ils sont également incapables de le protéger.

Pas de retour de bâton !

Attention, ce n'est pas pour autant qu'il faut brandir l'étendard du « tout répressif » ! On assiste aujourd'hui à un retour de bâton ridicule qui consisterait à voir en tout petit enfant récalcitrant un délinquant en puissance. Les parents seraient trop compréhensifs, trop permissifs : où est-il écrit qu'être compréhensif empêche de s'imposer auprès de son enfant et d'avoir de l'autorité ? C'est même plutôt l'inverse que l'on constate : quand on respecte son enfant, quand on sait écouter son avis, on augmente sérieusement ses chances d'être obéi lorsqu'on aura des exigences à son égard. Un enfant obéit toujours mieux quand il veut plaire à ses parents et leur ressembler. Et cela ne peut être mis en place que dans une ambiance familiale chaleureuse : l'autorité n'empêche ni la tendresse, ni l'amour.

Toutefois, un parent n'a pas à se sentir remis en question quand son enfant ne lui obéit pas. L'obéissance s'apprend et demande un accompagnement. Quand un enfant peine à bien

> « Écoutez, comprenez votre enfant, mais c'est vous qui commandez. »

parler, on ne se dit pas qu'il le fait pour nous embêter ! Être obéi est un objectif heureux et ambitieux, pas une formule magique pour avoir la paix. Quel bénéfice y a-t-il à respecter les lois ? C'est tout l'enjeu de l'obéissance. C'est parce qu'il aura appris à obéir petit qu'il supportera mieux les contraintes quand il sera adulte.

Pas par la menace ou la peur, mais par plaisir de respecter des codes qui nous permettent de mieux vivre ensemble.

Pas pour enlever une aiguille dans le pied des parents mais pour que leur enfant devienne un adulte respectable et respecté. Un beau projet.

chapitre un
Pourquoi n'obéit-il pas ?

**Un enfant peut avoir de bonnes raisons
de ne pas obéir... Il faut au préalable
mener votre petite enquête pour tenter
de comprendre ce qui se passe dans sa tête.
Et aussi dans la vôtre.**

Et s'il avait un problème ?

Quand un enfant refuse d'obéir, on pense
immédiatement qu'il y met de la mauvaise
volonté. Cela peut être le cas, mais pas toujours...
S'opposer est un des moyens les plus simples
dont il dispose pour faire entendre qu'il y a
quelque chose qui ne va pas mais qu'il n'a pas
les mots pour le dire. A-t-il des soucis à l'école,
un chagrin d'amitié, sa nourrice est-elle sympa

avec lui ? **Attention, un enfant déprimé n'est pas forcément un enfant abattu** : il peut au contraire se montrer excité et lutter contre sa dépression par de l'agressivité. Peut-être aussi a-t-il une mauvaise image de lui-même. Plus on fait de reproches à un enfant (et quand il n'obéit pas, l'ambiance est souvent tendue à la maison), moins il va se considérer comme un « bon enfant » et il va se modeler sur ce miroir d'enfant désobéissant qu'on lui tend plusieurs fois par jour.

De la rivalité dans l'air

Il peut également en vouloir à ses parents puisqu'il pense qu'ils ont tous les pouvoirs : pourquoi ne lui donnent-ils pas les moyens d'être quelqu'un de bien et non quelqu'un qu'on gronde du matin au soir ? C'est particulièrement sensible lorsque, dans une fratrie, l'un est sage, l'autre pas. L'enfant peut ainsi penser que le premier est plus aimé, que ses parents lui ont donné quelque chose en plus.

Enfin, il ne faut pas négliger non plus un éventuel trouble de l'audition : votre enfant entend-il bien ? Comprend-il bien ce que vous lui demandez ? Il peut également y avoir un trouble de la communication. Ce n'est pas fréquent, mais il faut l'envisager quand même pour écarter toute source de malentendu.

Ses rythmes sont-ils respectés ?

Un jeune enfant a besoin de calme et de régularité. Le trio gagnant comprend : bonne alimentation, sommeil suffisant et comptant de câlins. À priori, vous haussez les épaules : évidemment qu'il mange, qu'il dort et que je l'aime ! Là encore, mieux vaut passer en revue ces piliers fondamentaux.

Une alimentation déséquilibrée, trop chargée en sucres, des repas pris à la va-vite sont source de stress et donc de nervosité.

A-t-il vraiment son quota d'heures de sommeil ? Entre 3 et 5 ans, les enfants ont besoin de douze heures et demie de sommeil par jour, puis ce quota diminue progressivement pour arriver à neuf heures et demie entre 6 et 10 ans.

Petit dormeur ou gros dormeur

En dessous de cette moyenne, l'enfant est en manque. Bien sûr, il existe des variations individuelles et certains enfants sont de plus petits dormeurs que d'autres. Si votre enfant dort moins mais ne présente pas de somnolence durant la journée, il appartient probablement à la première catégorie. Pour en avoir le cœur net, observez sa durée spontanée de sommeil durant les vacances.

Un vrai temps d'écoute

Quant aux câlins, ils sont peut-être encore plus importants que les deux besoins précédents : on ne parle pas bien sûr du petit bisou du soir et du matin. Nous parlons d'un vrai temps accordé chaque jour à chaque enfant, que ce soit des câlins ou des discussions, selon son âge. Un temps incompressible d'au moins trente minutes si l'on ne peut vraiment pas faire plus (multiplié par les deux parents, cela fait au moins une heure). C'est un moment de disponibilité, où l'on est à son écoute, un temps sans exigences.

Celui qui provoque en n'obéissant pas est peut-être tout simplement en train de demander l'attention qu'il n'arrive pas à obtenir autrement. Il veut que le train s'arrête pour souffler un peu, même si c'est dans le conflit ! Et puis, l'enfant est un grand imitateur : s'il voit ses parents incapables de se poser, gageons qu'il aura les mêmes difficultés pour faire ses devoirs ou finir un puzzle sans s'agiter dans tous les sens...

> « Un enfant a besoin de l'attention de ses parents. C'est son soleil pour pousser. »

Et vous, que pensez-vous de l'autorité ?

Un enfant qui n'obéit pas est vite agaçant. Bien. Mais vous, vous souvenez-vous de votre propre enfance ? Étiez-vous obéissant lorsque vous étiez petit ? Vos parents étaient-ils très sévères ou au contraire très laxistes ? Quand quelque chose se grippe dans la vie de famille, **il ne faut pas hésiter à faire un petit travail d'introspection sur soi-même.** Ainsi, si vous considériez autrefois – ou considérez peut-être encore aujourd'hui – l'obéissance comme une soumission, une défaite, une capitulation, il n'est pas très étonnant que votre enfant vous imite, même si vous ne lui en avez jamais rien dit. Les enfants ont des antennes très perfectionnées pour saisir ce genre d'ambivalence chez leurs parents et reprendre le flambeau de votre lutte enfantine.

Votre voix d'enfant

Vous avez souffert d'une trop grande rigidité ? Quand vous donnez un ordre à votre enfant, vous vous faites peut-être penser à votre père, et le moins que l'on puisse dire, c'est que cette comparaison ne vous réjouit pas. Obéir par crainte, sans comprendre vraiment pourquoi on doit le faire, est insupportable. À moins que ce ne soit l'inverse : chez vous, c'était le bazar en permanence et vous aspirez à une famille bien ordonnée, où les enfants obéissent au doigt et à l'œil. Trop, peut-être ?

Et vous, comment allez-vous ?

Après avoir vérifié que votre enfant n'a pas de soucis, il est important de vous demander si vous aussi, vous allez bien, ou au moins pas trop mal. En effet, si un enfant sent que son parent est déprimé, il essaiera à sa façon de le sortir de sa tristesse et de son abattement en multipliant les bêtises pour constituer une sorte d'électrochoc : au moins, quand il crie, il lui paraît vivant ! Actuellement, êtes-vous débordé, énervé, soucieux ? Élever un enfant demande une immense patience et une grande disponibilité que l'on n'a pas toujours selon les périodes de sa vie, et c'est bien normal.

Si on vient de divorcer, si on est au chômage, on peut vite se laisser déborder par ses émotions. Il ne faut pas hésiter alors à se faire aider :

« Maintenez les règles en période difficile. Surtout en période difficile. »

par son conjoint, par ses amis, par des voisins, par la famille. C'est faire preuve de responsabilité vis-à-vis de son enfant que de savoir déléguer son autorité et sa présence. Autrefois, on élevait ses enfants au sein d'une famille élargie, avec l'aide des grands-parents, des oncles et des tantes... C'est moins le cas aujourd'hui et il faut quand même savoir s'entourer en cas de nécessité, sans se sentir coupable.

« On pense trop souvent qu'un parent doit toujours être de taille ! »

Ses premiers modèles, à notre insu

Notre enfant nous imite. Nous représentons ses premiers modèles. Sommes-nous souvent agressifs avec lui ? Il le sera probablement en retour avec nous. Il observe aussi comment nous nous comportons dans notre couple : si nos relations sont sans cesse tendues, si, dans un conflit, jamais aucun des deux ne veut céder, il reproduira ces mêmes comportements. Si on lui demande de ne pas mettre les pieds sur la table alors que son père le fait, le message n'est pas cohérent. De même, s'il nous voit sans cesse traverser en dehors des clous, essayer de resquiller dans les files d'attente, mentir ou encore nous vanter de rouler les impôts, il ne faut pas s'étonner par la suite qu'il ne respecte pas les lois que nous lui fixons...

Expliquez les règles

Un enfant qui n'obéit pas questionne les règles en général : il n'a pas compris leur bien-fondé. Par manque d'explications ? C'est une vraie question sur le quand, comment, pourquoi... **On ne peut pas répondre comme autrefois : c'est comme ça et pas autrement...** Parce que nous ne sommes plus à une époque où les règles étaient à peu près les mêmes d'un foyer à l'autre : on se reportait à des codes de bonne conduite communs, sur lesquels tout le monde était d'accord. Ce n'est plus le cas aujourd'hui. Et ce n'est pas plus mal.

chapitre deux
Pour vous faire obéir

**Un règlement clair, une façon
de parler adéquate, des permissions
qui permettent de mieux accepter
les règles : autant d'atouts dans
votre manche pour être obéi !**

Un calendrier de règles claires et précises

Il faut que l'enfant sache précisément ce qui est permis ou pas, sinon, il est vain de parler de désobéissance. On ne punit pas un enfant qui fait une bêtise en l'ignorant ! Commençons par les interdits fondamentaux, ceux qui ne se discutent pas d'une maison à l'autre, mais relèvent de la loi générale chez les humains.

- **Rappelez les interdits sexuels.** Souvent, le comportement très excité d'un enfant est sous-tendu par des questions autour de la sexualité qui n'ont pas trouvé de réponses. Il faut donc souligner l'élémentaire : les relations sexuelles ne sont permises qu'à partir de 15 ans, avec un partenaire qui est d'accord et qui n'est pas de la famille. Ces explications ont un effet apaisant parce qu'elles recadrent et ouvrent sur l'avenir : lui aussi aura plus tard une vie sexuelle, mais pas pour l'instant... C'est important à notre époque où les images sexuelles sont partout, sans contrôle, soumettant les enfants à une excitation précoce. Côté parents, il est important également de diminuer les causes d'excitation. Ainsi, dès que l'enfant a 3 ans, **mieux vaut éviter de se promener nu devant lui, de prendre des bains avec lui.** La pudeur en famille est un élément essentiel pour l'équilibre des enfants.

- **On ne fait pas de mal physiquement à autrui, tout comme l'on ne s'en fait pas à soi-même.** Ce sont les parents qui sont responsables de la santé de leur enfant devant la loi. Il faut le dire aux enfants en termes clairs : « Je suis responsable de toi, de ta santé. »

- On ne vole pas, on n'insulte pas les autres, on respecte leurs affaires…

En dehors de ces interdits valables pour tous, il y a ensuite les règles de la maison, de la famille.

Des règles internes variables

Celles-ci méritent discussion car elles peuvent changer en fonction du lieu, du moment. C'est comme pour les lois qui régissent les pays : certaines sont valables partout dans le monde « on ne vole pas », « on ne tue pas » ; d'autres varient : en France, on conduit à droite ; en Angleterre, à gauche !

« Ne confondez pas bêtise avec erreur, maladresse ou ignorance. »

Établissez une hiérarchie

Souvent, les enfants n'obéissent pas parce qu'ils ne sentent pas leurs parents vraiment convaincus par ce qu'ils leur demandent. Ils s'engouffrent dans la brèche ! Un parent qui doute a du mal à imposer un interdit. D'où la nécessité d'avoir une hiérarchie dans ce que l'on exige de son enfant. Et il n'y a que vous pour l'établir, car elle est différente d'une famille à l'autre. Pour votre voisin, la chambre de votre enfant est dans un désordre scandaleux, alors que vous n'y voyez que quelques affaires qui traînent... Si vous n'établissez pas de barème entre petites et grosses bêtises, vous risquez de céder sur des points importants !

« *Profitez des moments calmes pour enseigner les règles.* »

Écrivez les interdits noir sur blanc

Cela peut paraître un peu formel, mais avec un enfant qui a du mal à obéir, il est important de poser les interdits noir sur blanc. Il a besoin plus que tout autre d'un cadre bien clair. L'idéal ? Écrire déjà pour soi sur un papier les sujets sur lesquels on ne transigera pas, ceux qui sont importants mais peuvent évoluer dans le temps, selon le lieu ou les personnes, et enfin, ceux qui sont négociables au cas par cas.

- Ce qui n'est pas négociable : taper son frère, sortir seul de l'école...

- Ce qui l'est : les sorties chez les copains, l'utilisation de l'ordinateur...

Pour être bien au clair sur ce « règlement familial », il est nécessaire que chaque parent mène cette réflexion de son côté et qu'ils croisent leurs points de vue pour établir le document final. L'avantage de cette démarche ? On peut s'y reporter, le modifier... Et surtout, il permet de clarifier les choses pour soi et pour son enfant : sans cette assurance, l'autorité ne fonctionne pas.

« Ne changez pas les règles internes sans arrêt. »

Le temps de l'expérimentation

L'enfant va souvent expérimenter chacun des interdits. Il va les tester en quelque sorte et c'est de bonne guerre ! Il n'est pas nécessaire de réagir avec punition à la clé la première fois qu'il transgresse une règle : il a droit à « un coup pour voir » ! Il est intéressant qu'un enfant ne prenne pas systématiquement pour argent comptant ce qu'on lui demande. Ce n'est pas un mouton, il cherche à comprendre. Un enfant qui questionne une règle fait preuve d'intelligence et gageons qu'il saura plus tard prendre des initiatives.

Le test des allumettes

Prenons l'exemple des allumettes, un grand classique : tous les parents interdisent aux enfants d'y toucher et 99 % des enfants y touchent quand même ! Pourquoi ? Pour comprendre. Si on lui explique, si on lui fait approcher la main de la flamme pour lui montrer que ça brûle, on augmente sérieusement les chances qu'il obéisse. Il le fait quand même « pour voir » et se brûle ? On peut lui faire constater qu'on l'avait prévenu, et que c'est justement pour ça que c'est interdit ! Mais surtout, ce que vous pouvez lui dire, c'est que, quand il sera plus grand, il pourra y toucher.

Les mauvaises raisons

Parfois, on interdit une action de peur que notre enfant se blesse. Autant le dire fran-

chement plutôt que de dire que c'est interdit :
« J'ai peur que tu tombes si tu montes sur
ce mur. »

Il y est monté et ne s'est pas fait mal ?
Reconnaissez que vous avez eu peur pour rien
mais interdisez-lui de prendre des risques en
votre absence.

Je t'explique de nouveau

Certains enfants sont tenaces. Nous lui avons
pourtant expliqué l'interdit, mais il demande
à nouveau pourquoi, parfois pour gagner un
peu de temps, mais pas toujours. Cette attitude
a le don de nous agacer, soit parce que nous
avons l'impression de nous répéter, soit parce
que nous-mêmes ne savons pas trop pourquoi !
Vous êtes pressé et n'avez pas le temps de discuter ? Vous pouvez lui proposer d'en reparler
plus tard, mais lui dire que, pour l'instant,
il doit obéir. Ou bien encore lui signifier :
« Je te répondrai quand tu auras fait ce que
je te demande. »

Le faire réfléchir

On peut aussi en profiter pour le faire réfléchir, toujours dans le cas où on a cinq minutes devant soi : « D'après toi, pourquoi c'est interdit ? » Les réponses sont souvent assez étonnantes. Demandez-lui : « Et si plus tard, ton enfant se comportait comme ça, qu'est-ce que tu dirais ? » Mis en position de responsabilité, on déplace le problème et il l'intègre mieux. Et puis, c'est encore une façon de lui montrer qu'il ne sera pas toujours un enfant...

« L'éducation, c'est la répétition. »

Pourquoi eux et pas moi ?

C'est toujours très important de dire à un enfant qu'une règle est valable aujourd'hui, parce qu'il est encore trop petit pour faire un certain nombre de choses, mais qu'il pourra les faire plus tard. L'enfant prend toujours l'interdit comme quelque chose d'injuste, parce qu'il voit les grands souvent y échapper. C'est un petit démocrate en herbe : pourquoi eux et pas moi ? Si vous lui donnez des échéances, il sera plus enclin à accepter les limites.

Des règles qui évoluent

Il est nécessaire de très vite lui montrer que les règles sont faites pour évoluer en fonction de son autonomie et de son âge. À 4 ans, on peut déjà souligner que l'année dernière, il n'avait pas le droit de monter sur le toboggan tout seul mais aujourd'hui, oui ! Ces remarques l'aident à accepter les limites, elles ouvrent sur l'avenir...

Quand c'est possible, **il faut toujours dire pourquoi et quand il pourra dépasser cet interdit,** donner un âge pour que cela soit plus authentique. Les parents ne sont pas des tyrans ! Un jour, à 18 ans, lui aussi pourra voter et être peut-être à la tête du pays, c'est ça la démocratie...

Des règles valables ici mais pas ailleurs

Si les interdits évoluent dans le temps, ils diffèrent aussi selon l'espace. Ainsi, certaines choses sont permises à la maison et pas à l'extérieur, et vice versa. Dire à un enfant qu'il ne faut pas crier dans l'appartement mais que, d'ici une heure, il pourra se défouler au jardin comme il l'entend, l'aide à obéir. Prenons l'exemple des gros mots : on peut exiger qu'aucun gros mot ne soit prononcé en notre présence, lui dire qu'il peut les utiliser s'il le veut avec ses copains, mais pas sous notre toit. Et dans ce cas, il faut s'astreindre à ne pas en dire non plus...

Du bon usage des gros mots

Les gros mots ont une fonction, sinon ils n'existeraient pas ! Ils possèdent une charge émotionnelle et ils soulagent. Mais ils ont aussi un impact fort sur les autres, d'où la nécessité de ne pas en abuser, car ils peuvent blesser. Il faut l'expliquer à son enfant qui n'en a pas toujours vraiment conscience. Cela dit, **il doit pouvoir dire des gros mots à son doudou, dans sa chambre** ou en jouant avec ses petits copains, s'ils en disent aussi. En général, ils vont passer en revue toutes leurs nouvelles acquisitions avec un plaisir non dissimulé !

Tant qu'il n'y a pas de blessures, ce n'est pas grave.

Tant qu'il ne s'en sert pas pour insulter, il a le droit de se soulager…

Qui n'a jamais abreuvé d'insultes son ordinateur qui refuse de s'allumer ?

Pourquoi je dois t'obéir ?

L'enfant nous parle comme il nous entend nous adresser à lui, nous adresser aux autres. Il ne sait donc pas obligatoirement comment parler aux adultes et à ses parents, si on ne le lui enseigne pas, si on ne le reprend pas quand il nous parle mal. Il nous fait remarquer : « Tu me parles bien comme ça, toi ! » Il faut alors lui répondre que **les parents sont des êtres à part, qu'ils sont les seuls à avoir autorité sur lui**, et qu'à ce titre, ils peuvent lui faire des reproches et lui donner des ordres. « Je suis le chef et seul le chef peut gronder. » Et d'expliquer qui est le chef : « J'ai autorité sur toi jusqu'à 18 ans. Je te commande et je te protège aussi. Les adultes

– tes grands-parents, ta maîtresse, tes oncles et tes tantes – ont aussi autorité sur toi, mais c'est celle que je leur délègue, moi. »

Une hiérarchie dans la loi

Il est bon aussi de leur expliquer que nous ne sommes pas tout-puissants, nous obéissons au code de la route, à notre patron... Nous aussi sommes soumis à des lois. C'est très important de rappeler ces évidences à un enfant qui rechigne à se plier aux règles. Et c'est peut-être encore le moment de lui préciser qu'il n'a pas à obéir à ses frères et sœurs, si on ne le lui demande pas expressément. De même, il n'a pas à commander les plus petits et n'est pas non plus obligé d'obéir aux ordres de son copain Nicolas... Il peut accepter ou refuser. Mais avec nous, il n'a pas le choix. Nous avons été élus « chef » le jour de sa naissance et pour 18 ans ! En leur parlant ainsi, nous leur donnons au passage une belle leçon de démocratie, pas inutile par les temps qui courent...

« Informer n'est pas menacer. »

Un tableau des permissions

La vie ne doit pas être une suite de limites à ne pas dépasser. Il y a aussi toutes les permissions sur lesquelles il est bon d'insister, car elles permettent de mieux accepter les règles. Certains enfants sont débordés par les interdits, au point de ne plus savoir ce qu'ils peuvent vraiment faire ! On pourrait même dire qu'il faut qu'il y ait autant de choses permises qu'interdites, comme **il est bon d'adresser autant de compliments que de reproches à son enfant.** Avouons que c'est loin d'être le cas, tant on estime que quand ils sont sages et obéissants, c'est tout naturel !

« Dites "oui", pas toujours "oui, mais"... »

Mieux vaut prévenir que guérir

Ce vieil adage se révèle terriblement efficace en matière d'obéissance ! Il est toujours bon d'informer un enfant de ce qui l'attend. Il va falloir bientôt éteindre la télé, aller au lit, partir pour la piscine...

La notion de délai est capitale pour certains, d'où l'intérêt de prévoir un temps de préparation et d'hésitation de l'enfant dans le programme. Ainsi, quand on sent que l'heure de l'école approche, annonçons-le un quart d'heure avant pour qu'il ait le temps de l'intégrer. **Certains enfants ont besoin de plus de temps que d'autres pour passer d'une activité à l'autre,** c'est à prendre en compte plutôt que d'essayer à tout prix de le faire « plier ». Et puis, quand on connaît bien son enfant, on sait qu'il y a des moments où il traîne plus qu'à d'autres. La vie de famille est un ajustement sur mesure... À l'inverse, jouez des effets d'annonce pour les événements agréables : « Savez-vous où nous allons aller ? Dépêchez-vous, je vous le dirai quand vous serez habillés ! » On crée ainsi de l'attente et de la surprise...

« De temps en temps, bousculez gaiement le programme quotidien ! »

Une consigne à la fois

Plus l'enfant est petit, plus il faut éviter de multiplier les consignes, sinon, il s'y perd un peu et ne retient, dans le meilleur des cas, que la dernière. Quand il y a plusieurs enfants, donner

une consigne à chacun est également plus efficace. À « Rangez la chambre, les garçons ! »
préférez : « Lucas, tu ranges les jouets par
terre ! Jérémie, tu t'occupes des habits ! » **Plus
vous serez précis, mieux vous serez entendu.**
Et au vague « Soyez sages », mieux vaut rappeler la consigne souhaitée : « Ne courez pas
partout chez mamie, elle supporte mal le bruit. »

Pourquoi ne pas introduire un peu de jeu ? La
formule « Attention, je compte jusqu'à trois »
plaît beaucoup aux enfants en général par son
aspect métaphore du volcan prêt à exploser !
Le délai crée une dynamique, la limite est sym-
bolisée par le 3...

Une question de ton

Pour être obéi, le ton employé est fondamental.
Il est préférable de s'approcher de l'enfant
plutôt que d'aboyer une consigne du bout du
couloir. C'est évident ? Observez-vous quelques
jours et vous constaterez qu'il est fréquent que
vous lanciez des ordres comme des bouées à la

mer, avec une belle marge d'incertitude dans la voix. Si l'on veut avoir toutes les chances de se faire entendre, mieux vaut également regarder l'enfant dans les yeux quand on s'adresse à lui, lui parler posément mais fermement, sans élever le ton. Si nous adoptons une tonalité évasive, l'enfant en profitera. Il pense que l'on a déjà intégré l'idée qu'il va dire non, un peu comme on ajoute 25 % sur le devis en cas de retard dans les travaux ! On le répète encore une fois : un parent obéi est un parent convaincu de ce qu'il exige de son enfant.

« Quand on crie en l'air, les paroles s'envolent ! »

Inutile de crier

Pour être écouté, il suffit parfois d'introduire une rupture dans le ton : le hausser juste un peu pour montrer qu'on accorde de l'importance à ce que l'on dit. L'enfant nous connaît, il a vite appris à faire la différence entre une information et un ordre. On peut à l'inverse baisser la voix, parler doucement : contrairement à ce que l'on pourrait penser, c'est même souvent plus efficace pour se faire obéir ! En revanche, les cris sont inutiles. Les parents qui hurlent sont souvent ceux qui ont le plus de mal à se faire entendre. L'autorité n'est pas une question de décibels et les cris sonnent comme un aveu de faiblesse…

Évitez le conflit permanent

Attention de ne pas s'enfermer dans une relation où dominent l'excitation et la tension : dans certaines familles, tout devient objet de conflit, avec une phase de cris, suivie d'une période de consolation. Ce mode de relation risque d'être repris par l'enfant plus tard dans son couple et c'est dommage car c'est une belle perte d'énergie.

« Réservez votre colère pour les événements vraiment importants. »

Utilisez des formules positives

« Ne cours pas, tu vas tomber ! », « Arrête de manger bruyamment ! »… À ces injonctions négatives, préférez une formule positive,

ou simplement, une mise en garde, comme :
« Marche doucement, le sol est glissant » ou :
« Mange lentement et en fermant la bouche. »
L'avantage ? Elle entraîne d'emblée l'adhésion :
puisqu'on veut obtenir quelque chose de l'enfant, il vaut mieux lui présenter ce que l'on
attend de lui plutôt que de se situer d'emblée
dans la critique de ce qu'il est en train de faire.

N'attisez pas les rivalités

L'un se tient bien à table et l'autre pas ? Plutôt
que de réprimander celui qui est affalé sur sa
chaise, prenez l'option de complimenter son frère
ou sa sœur. C'est quasiment magique, le petit
récalcitrant va se redresser aussitôt en demandant : « Et moi aussi, tu as vu, je me tiens bien ?
– Oui, oui, on a vu, c'est très bien, toi aussi… »
On évite ainsi d'attiser les rivalités en lui faisant
remarquer : « Regarde comme ton frère se tient
bien, lui, on n'a pas besoin de lui répéter dix fois
la même chose. » **Mieux vaut toujours inciter à
bien faire plutôt que dévaloriser…** Un enfant

que l'on critique sans arrêt finit par adhérer à cette image de mauvais héros de la famille.

Passez avec brio la période du « non » !

Vers l'âge de 2/3 ans, c'est la grande étape du Non. Non pour mettre ses chaussures, non pour passer à table, non pour obéir… Bon nombre de spécialistes soulignent, à juste titre, qu'il s'agit d'une étape tout à fait normale pour que l'enfant affirme son identité. Soit. Mais point trop n'en faut. Comprendre n'est pas accepter. Si on cède à tout en pensant qu'il est normal qu'il s'oppose, la période du non risque de durer… toute la vie !

Évitez de jouer sur l'affectif

« Tu le fais pour me faire plaisir ? » Bannissez de votre vocabulaire cette formule qui fait appel à l'affection. Beaucoup de gestes que nous exigeons de nos enfants n'ont rien à voir avec l'amour. Les règles ont leur raison d'être, elles ne sont pas établies pour le bon plaisir du parent, mais le plus souvent dans l'intérêt de l'enfant ou dans le respect des autres. Il est donc préférable de les énoncer de la façon la plus naturelle possible, sans affect inutile. S'il doit être à l'heure à l'école, c'est parce que la maîtresse sera dérangée dans l'organisation de son travail par son retard. **S'il doit aller au lit, c'est parce qu'il a besoin de dormir, pas pour faire plaisir à maman...** De même, lorsqu'un enfant refuse, par exemple, d'aller chez son père, on peut lui rappeler que c'est une décision du juge, tout comme quand il rechigne à se rendre à l'école, lui dire qu'elle est obligatoire à partir de 6 ans. En revanche, on peut parfois lui demander des services pour nous faciliter la vie : « Tu veux bien aller me chercher mon sac dans la chambre ? » Mais dans ce cas, on le lui demande comme à un ami, ce n'est pas un ordre, c'est vraiment pour nous faire plaisir. Et l'on n'oubliera pas de le remercier chaleureusement, ce que l'on ne fait pas quand il se lave ou qu'il se couche sans rechigner. Dans ces cas, on le félicite parce que c'est un grand, en soulignant : « Je suis fière de toi ! »

Félicitez-le souvent

L'estime de soi est souvent malmenée chez les enfants désobéissants qui ont le sentiment de ne jamais satisfaire leurs parents. C'est pourquoi **il faut contrebalancer les réprimandes par des compliments.** Au lieu de pointer en permanence ce qui ne va pas, inversez la tendance. Dès que possible – et que c'est justifié, bien sûr – on le complimente : « Tu as construit une belle tour, ta chambre est bien rangée aujourd'hui, bravo ! » Valorisez ses points forts : il n'obéit pas, c'est vrai, mais il est très inventif, bon en foot ou en musique. **Soulignez ses progrès, même minimes,** et répétez-lui que vous l'aimez aussi souvent que possible ! Cela va de soi ? Cela va mieux en le disant…

« Le compliment est un complément indispensable ! »

Enchantez le quotidien

Comment lui faire accepter les contraintes ? Beaucoup de parents se plaignent de la difficulté de leur enfant à se plier aux contraintes. Une bonne astuce est d'y mettre un peu de gaieté, d'en faire un jeu, autant qu'on le peut. Il existe chez un certain nombre d'humains la capacité de transformer les moments pénibles de la vie en moments de bonne humeur et de partage. Les parents peuvent se transformer eux-mêmes en magiciens !

Transformez les contraintes en plaisir

Un temps d'attente peut être un espace de rêve et de jeu. Exemple ? Vous êtes dans une salle d'attente et l'avion, le train, le bus, le pédiatre, a une heure de retard. Vous craignez le pire... Pourtant, ce moment ne sera pas un temps mort si vous décidez d'en faire quelque chose. Le poète Jacques Prévert avait l'habitude d'inventer la vie des gens qu'il observait. Où va ce bonhomme avec sa grosse valise ? Et cet enfant, qu'est-ce qu'il aime à ton avis ? On suppute, on imagine, et l'heure tourne sans qu'on s'en rende compte !

Les gestes du quotidien ne doivent pas être vécus comme des corvées, sinon, on transmet une idée négative du monde à son enfant. **Si se laver les dents est un pensum, alors c'est toute la vie qui est pénible !** Transformez plutôt les ennuis en surprise : la machine à laver est cassée ? Tout le monde à la pizzeria pendant que le linge tourne à la laverie automatique du coin de la rue !

Apprenez à savourer l'instant...

On l'a vu, un enfant qui n'obéit pas est peut-être en train de dire « stop »... Quand la journée est une suite de contraintes qui s'enchaînent du matin au soir, il n'est pas étonnant que l'enfant se bloque. Si nous-mêmes ne sommes pas capables de savourer l'instant qui passe, de prendre un moment le soleil avec bonheur, nous ne pouvons pas lui demander de savoir le faire ! Nous sommes souvent tellement projetés dans l'avenir que nous n'arrivons plus à être dans ce que nous sommes en train de faire. Peut-être est-ce le moment de nous offrir le délicieux petit livre de Dominique Glocheux,

La Vie en rose avec ses enfants. Quelques idées piochées au hasard :

- dormez à la belle étoile au moins une fois ;
- trouvez trois idées pour avoir plus de temps à passer ensemble ;
- imaginez trois idées pour que sa participation aux tâches de la maison devienne un jeu ;
- ne critiquez personne et essayez de ne pas râler pendant 24 heures ;
- chantez dans la voiture, cuisinez ensemble ;
- intéressez-vous à ses rêves, vraiment…

Projetez des moments sympas

« Adoptez le vote familial pour les sorties : le vote de Jules, 5 ans, compte autant que celui de papa. »

Encore une astuce qui a fait ses preuves : insister sur les événements sympas à venir plutôt que sur les corvées. « Chouette, demain soir, il y a un bon dessin animé, on le regardera ensemble… », « Ce week-end, il y a vos cousins qui seront là, on ira à la mer »… **Toutes ces projections sur des bons moments à venir aident à supporter la frustration** présente et alimentent la machine à rêver de l'enfant, il va y penser toute la semaine… Il n'y a pas que les contraintes qui doivent bénéficier des effets d'annonce !

Favorisez son autonomie

Un enfant qui n'obéit pas se sent souvent limité ou freiné dans ses envies. Tout ce qui développe son autonomie est à encourager : se laver et s'habiller seul, ranger ses affaires… Accompagnons-le jusqu'à ce qu'il soit en mesure de se débrouiller seul et acceptons les loupés et les retours en arrière. Ce qu'il faut éviter ? Faire à sa place en soupirant : « Décidément, tu es vraiment un bébé ! » N'hésitez pas à lui confier des petites tâches adaptées à ses capacités comme aller chercher le courrier, le pain… Et si c'est possible, offrez-lui un animal pour le responsabiliser.

Le tableau des récompenses

Pourquoi ne pas faire de l'obéissance une sorte de concours ? Comme on a le tableau des limites, on fabrique un « tableau des récompenses », avec des pois de couleur (un pois = un point) et un barème de récompenses en fonction des points obtenus. Le système de points valorise le bon comportement, on n'en enlève pas, on ne fait qu'en ajouter. On établit un calendrier pour la semaine où l'on recense les moments qui posent problème, comme se laver les dents en un clin d'œil, mettre la table, faire ses devoirs... Chaque soir, on colle une gommette de couleur par action réussie. À la fin de la semaine, il suffit de faire le compte des points.

Le bon choix

Les récompenses peuvent être multiples, selon le goût de l'enfant, mais pas forcément une marchandise : cela peut être une sortie, une permission. Il peut aussi collectionner les points pour un plus gros cadeau, comme ce parent qui a eu l'idée de fabriquer un puzzle avec une photo de vélo et l'a offert à son enfant quand le vélo a été entièrement reconstitué. Cette technique ne doit être utilisée qu'un temps et seulement pour les enfants qui ont vraiment du mal à obéir.

Tenez bon !

Bien souvent, l'enfant n'obéit pas parce qu'il sait que, s'il insiste, il obtiendra gain de cause... Il a ses parents à l'usure en quelque sorte. Parce qu'on est fatigué, parce qu'on a peur d'être trop sévère, parce qu'on craint sa colère. Certains enfants encore ont besoin de tester la fiabilité de leurs parents. Ils jugent leur force à tenir le coup sur ce qu'ils estiment important. Finalement, cet ordre, est-ce qu'ils y tiennent tant que ça ? Constater qu'ils tiennent bon, sans violence, malgré sa résistance, est très réconfortant pour l'enfant. Même s'il hurle, même s'il affirme : « T'es méchante, je t'aime plus. »

Ne pas céder est la seule garantie d'être obéi par la suite.

Restez cohérent

Si vous n'êtes pas sûr de pouvoir tenir, mieux vaut accorder tout de suite ce que l'enfant demande : au moins, vous ne perdrez pas votre crédibilité et resterez cohérent.

Certains parents ont tellement peur de ne plus être aimés par leur enfant qu'ils posent des interdits pour se donner bonne conscience mais savent au fond d'eux qu'ils finiront par céder. Mine de rien, cette attitude leur permet de passer pour des gentils : donner ce que l'on a refusé dans un premier temps a encore plus de valeur aux yeux de l'enfant. On est comme une sorte de bonne fée qui finit par régler le souci comme par magie.

Prenez votre temps

« En éducation, prendre son temps, c'est en gagner. »

Certes, le temps est une denrée rare dans la vie des parents... Mais on se rend compte que lorsqu'on prend le temps d'expliquer à un enfant pourquoi il doit ou ne doit pas faire quelque chose, on multiplie par dix les chances d'être écouté. Il faut prendre le temps de tenir bon, même quand l'enfant se met à hurler à pleins poumons. « Tu n'es pas content, mais je t'ai expliqué que tu ne mangerais plus de bonbons, que tu n'aurais pas ce jouet... » Si on adopte cette attitude deux ou trois fois de suite, il ne sera pas nécessaire d'y revenir. L'enfant aura compris que nous restons compréhensifs, mais néanmoins inébranlables. On étonne l'enfant en restant calme, par ce temps qu'on lui accorde, on attend juste qu'il digère sa frustration. Grâce à cette attitude, on diminue chez lui l'impression d'avoir été obligé de céder à un bras de fer.

Faites diversion

On peut profiter de cette pause pour lui parler d'autre chose et, pourquoi pas, lui dire du bien de lui, un peu comme si on le consolait : « Tu es en colère, mais moi, je trouve que tu es sage à l'école, la maîtresse me l'a dit l'autre jour, je suis fier (fière) de toi. » De plus, ce dialogue fait diversion, le point d'achoppement devient accessoire puisqu'on parle d'autre chose. La technique marche particulièrement bien avec les plus jeunes.

Soignez la « grippe de l'âme »

En adoptant cette attitude, nous serons peut-être en retard à notre travail, mais nous aurons montré à notre enfant que nous nous occupons de lui, qu'il est important. S'il avait eu une grippe, on serait bien resté ? Eh bien là, il s'agit d'une grippe de l'âme… On prend du temps, mais l'on ne capitule pas. Cette démarche est un véritable placement sur l'avenir : nous vivons dans une société dominée par l'impulsion, où règne la loi du « tout, tout de suite ». En n'y cédant pas, nous montrons à notre enfant que ce n'est pas le temps qui commande et, ce faisant, nous lui servons de modèle. Lui aussi plus tard sera capable de réfléchir avant d'agir.

Sachez céder

Contrairement à une idée courante, pour qu'un enfant cède, **il faut soi-même savoir céder** de temps en temps. Lui montrer le mode d'emploi en quelque sorte. Contradictoire avec le « Tenez bon » ? Là encore, la nuance s'impose. On ne cède pas s'il veut sortir sans manteau par – 20°. En revanche, on peut négocier dans d'autres domaines. Il refuse de ranger sa chambre ? On peut lui proposer de nous donner une heure : « Quand penses-tu le faire ? » Du coup, c'est lui qui décide et il est tout content. Bien sûr, il faudra vérifier qu'il s'exécute bien à l'heure convenue, sinon, il n'y aura pas de deuxième négociation. Si l'on n'en abuse pas, cette dernière a du bon avec les enfants rebelles à l'autorité. C'est une façon de les rendre acteurs, de faire qu'ils ne se sentent pas totalement soumis.

« Sachez vous excuser quand vous avez commis une erreur envers un de vos enfants. Sincèrement. »

L'un est sage, l'autre pas

Il est fréquent que, dans une famille, un enfant occupe la place de l'enfant sage, tandis que l'autre endosse la panoplie du petit diable. Or c'est souvent ce dernier qui va attirer sans arrêt l'attention, au détriment de son frère ou de sa sœur plus calme. Il faut donc veiller à accorder autant d'attention aux enfants qui ne nous posent pas de problèmes. Outre que c'est nettement plus juste, cela peut inciter l'enfant désobéissant à se calmer : non, il n'est pas obligé d'enchaîner les bêtises pour que ses parents s'occupent de lui...

Il a fini par obéir

C'est le moment de lui dire et de lui répéter qu'on est fier de lui, qu'il est en train de grandir. Il est toujours bon de laisser entendre à un enfant que **l'obéissance n'est pas du côté du bébé soumis, mais du grand qui a compris l'intérêt des règles.** Il est important de lui dire qu'il a réussi à obéir, comme une conquête ! De plus, on reconnaît au passage que c'est difficile. C'est encore plus vrai pour les garçons qui ont du mal à se soumettre à l'autorité de leur mère, parce qu'ils ont l'impression de redevenir bébé. N'hésitez pas à sortir l'artillerie lourde en matière de compliments, notamment devant les autres membres de la famille.

Les bonnes récompenses

Si vous optez pour une récompense, ce n'est pas forcément un jeu vidéo... Cela peut être un livre, un magazine ou une sortie au musée. L'avantage de ces cadeaux ? Présentés comme une récompense, ils seront réclamés avec plaisir par l'enfant plus tard. Mais attention, la récompense n'est pas un salaire, c'est un plus qui ne passe pas toujours par un bien matériel ou un bonbon : lui accorder un temps pour lui tout seul, sans ses frères et sœurs dans les parages, lui adresser un vrai sourire peut valoir mille objets !

Chapitre trois
Il n'a pas obéi...

**La façon de réagir à ses désobéissances
est aussi importante que la façon de poser
les interdits. Les punitions doivent être
appliquées, elles doivent être justes.
Et il faut ensuite savoir passer l'éponge...**

Un temps pour réfléchir

Assurez-vous d'abord qu'il a bien compris ce
que vous lui avez demandé et donnez-lui une
deuxième chance. En reformulant votre ordre,
vous montrez ainsi votre exigence. En revanche, il ne faut jamais faire semblant de ne pas
avoir vu qu'il a désobéi. **À toute désobéissance
doit correspondre un accusé de réception.**

Il n'obtempère toujours pas ? On lui rappelle alors les conséquences de sa résistance et les risques encourus. Il est bon à ce moment-là de proposer : « Je reviens dans deux minutes, je te laisse réfléchir », particulièrement avec les enfants un peu fiers ou ceux qui ont besoin d'un peu plus de temps pour obéir. L'avantage de cette attitude ? C'est lui qui décide d'obéir, il ne se sent plus acculé et on le replace dans une position active.

De plus, ce laps de temps nous laisse à nous aussi un moment pour nous calmer, laisser redescendre la colère qui nous envahit souvent quand nos enfants nous désobéissent. Il nous évite encore d'avoir une réaction démesurée, violente parfois.

Pourquoi refuse-t-il d'obéir ?

« Commencez avec lui l'activité refusée. »

Votre enfant persiste dans son refus malgré le délai de réflexion accordé ? Si on a encore quelques grammes de patience, on peut discuter : pourquoi refuse-t-il d'obéir ? Après tout, il a peut-être une bonne raison... C'est le cas ?

Alors, on en discute. C'est une occasion de lui apprendre à s'exprimer, à argumenter. Mais si ses explications ne tiennent pas la route, on applique la punition prévue.

Montrez votre mécontentement

Il ne s'agit plus maintenant de tergiverser pendant des heures. C'est le moment de dire à votre enfant que vous n'êtes pas content de son attitude. Trop de petits tyrans imposent leur loi sans que les parents osent porter un jugement négatif sur leur comportement. Or ces appréciations et ses critiques sont des balises indispensables. L'enfant est sensible au jugement de ses parents, il souhaite dans la majorité des cas répondre à leurs attentes, tant qu'elles ne sont pas inaccessibles. Il faut donc dire ce que l'on ressent devant le comportement de son enfant : « Ta conduite me déçoit » (et non tu me déçois..., car les jugements doivent porter sur l'acte, pas sur la personne), sans s'enfermer non plus dans des déceptions éternelles et systématiques !

Un peu de culpabilité ne nuit pas

La culpabilité a mauvaise presse... On l'associe tout de suite à des comportements névrotiques. Pourtant, en éducation, elle a sa part à jouer et n'est pas un vilain défaut. Il faut savoir qu'un enfant qui n'acquiert aucun sentiment de culpabilité risque de devenir psychopathe ! Il ne faut pas craindre de culpabiliser un enfant qui fait une bêtise ou désobéit.

La culpabilité est nécessaire pour qu'il intègre une règle quand il adopte un comportement négatif. S'il persiste vraiment, il est préférable de consulter un spécialiste pour savoir ce que cache cette opposition systématique et chercher ensemble le bénéfice caché de ce comportement.

Des punitions appropriées

Une fois que l'on a marqué le coup, il faut aborder le problème de la sanction. Quelles punitions adopter ?

- Elles ne doivent pas être disproportionnées, au risque d'être injustes. D'ailleurs, ce n'est pas tant l'intensité d'une punition qui importe que sa valeur symbolique. Elles ne doivent pas non plus être trop longues, si on veut rester crédible. Hurler : « Tu ne regarderas plus la télé jusqu'à Noël » alors qu'on est en septembre n'a pas de sens, l'enfant sait que l'on ne tiendra pas jusque-là. La punition sur la journée est la plus efficace, sinon, on grille toutes ses cartouches ! Voici quelques pistes de sanctions :

- **Ne supprimez pas une activité utile à son développement,** comme une activité sportive ou culturelle. Cela n'a jamais rendu un enfant obéissant de le priver de foot.

- **Supprimez l'argent de poche, car c'est un plus, pas un salaire.** Mais attention, uniquement sur les sommes à venir, pas sur l'argent déjà perçu, car « ce qui est donné est donné », comme disent justement les enfants !

- **Supprimez sans états d'âme la télévision et les jeux vidéo.** Il faudrait même s'équiper pour pouvoir le faire en cas de besoin ! Les parents qui ont du mal à se faire obéir sont souvent ceux qui usent et abusent de la télévision et des jeux vidéo pour leur effet soi-disant pacificateur. Or l'abus de télévision est toxique pour le développement du petit enfant. Pendant ses premières années, il faut chercher des prétextes pour l'éteindre.

- **Pas de punition qui prive les autres membres de la famille** d'une activité commune. Évitez le prix de gros et préférez le cas par cas. Si on n'emmène pas Louis au cirque, on prévoit quelqu'un pour le garder pendant qu'on ira avec ses frères et sœurs. En revanche, en cas de bêtise collective, ou si le coupable ne se dénonce pas, la punition sera elle aussi collective. L'avantage ? Elle solidarise les enfants.

Réparation et travail d'intérêt familial

Réparer ce que l'on a cassé, nettoyer ce que l'on a sali, voilà de bonnes idées de punition ! Il n'y a pas d'objet cassé ? On peut envisager de donner à son enfant un travail d'intérêt « familial », qui œuvre pour le bien-être collectif. Attention, cela ne doit pas être une façon de lui faire effectuer une corvée que l'on n'a pas envie de faire. L'envoyer chercher le pain sous la pluie, non, nettoyer les feuilles mortes dans le jardin, oui. Il vaut toujours mieux que le travail concerne la maison plutôt qu'une personne.

Différez la punition

Et si vous n'avez pas d'idée, là tout de suite ? Vous n'êtes pas obligé de le punir immédiatement. Surtout en cas de situation grave, on peut prévenir l'enfant : « Ce que tu as fait mérite une punition, nous allons y réfléchir avec ton père (ou ta mère) et nous te dirons ce que nous avons décidé ce soir. » Cette négociation parentale lui montre non seulement qu'il est élevé par ses deux parents, mais aussi qu'on attache de l'importance à ce qu'il a fait ou pas fait. Naturellement, surtout si l'enfant est petit, il faut que la punition ne soit pas trop éloignée de l'action…

« La meilleure des punitions, c'est la réparation. »

Des excuses pas si désuètes

Le pardon a pour de nombreuses personnes une connotation religieuse. À tort. Car demander pardon à quelqu'un est très efficace et c'est un bon moyen de faire retomber la colère. Il ne faut pas non plus laisser tomber les bonnes vieilles excuses, qui ouvrent sur le pardon. Désuètes ? Pas tant que ça... Une excuse fait toujours baisser la tension, on est tout prêt alors à passer à autre chose. Si des excuses verbales sont trop difficiles, on peut envisager des excuses écrites. Mais attention, elles ne doivent pas être une punition, sur le mode : « Tu ne sortiras pas de ta chambre tant que tu n'auras pas demandé pardon. » C'est une réparation plus qu'un châtiment. Il faut leur garder leur aspect positif. Les excuses élèvent l'enfant, elles le rendent responsable de ses actes et l'humanisent. La preuve ? Son chat ne lui demande pas pardon quand il le griffe...

Pour ou contre la fessée ?

La violence physique n'est pas un principe éducatif et une fessée, jamais une bonne réponse. Cela dit, il arrive qu'une gifle échappe sous le coup de la colère. C'est l'impulsion qui domine. Ce n'est pas souhaitable, mais ce n'est pas très grave en soi si toutefois la fessée reste exceptionnelle. C'est même parfois la seule façon de mettre fin à une escalade. Très différents sont les coups prémédités, la fessée annoncée et qui donne lieu à une sorte de cérémonial. Pourquoi ? Parce que la violence attire la violence et qu'il nous sera plus difficile par la suite d'exiger de l'enfant qu'il n'y ait pas recours. En utilisant la force, nous lui laissons croire que la loi se résume à la loi du plus fort.

Des risques graves pour l'avenir

Les coups répétés et violents retirent la confiance des enfants en leurs parents. Or c'est le rôle des adultes de favoriser les mots à la place des coups. **Toute éducation vise à privilégier la parole sur les gestes.** Un enfant élevé dans la terreur de la fessée risque d'être un adulte qui accepte de se soumettre à la tyrannie ou, à l'inverse, un rebelle qui ne supportera aucune contrainte légale.

On risque encore de pousser l'enfant à mentir pour se protéger, et d'en faire par la suite un menteur et un dissimulateur. Dans la famille, c'est la vérité qui doit être valorisée, le mensonge n'étant réservé qu'à des cas exceptionnels, comme celui d'éviter la délation.

« La fermeté n'a rien à voir avec la violence. »

La colère : une rupture parfois nécessaire

La colère est un sentiment humain et n'est pas forcément une mauvaise chose : quand nous nous mettons en colère, nous autorisons notre enfant à montrer la sienne… Il faut d'ailleurs qu'il puisse, par moments, expulser son trop-plein de frustration en frappant sur son ours ou sur un coussin. Il n'est pas utile d'intervenir dans ces moments-là car il est en train d'apprendre à gérer ses émotions avec les moyens dont il dispose. Côté parents, l'énervement envahit forcément à un moment ou à un autre. En introduisant une rupture dans notre attitude, la colère marque un arrêt.

Attention à l'abus

Quand elle est répétée, la colère n'est plus efficace. Si elle est trop forte, notre enfant ne nous reconnaît plus, nous lui faisons peur... On peut s'installer dans une spirale ascendante qui conduit à la violence. Quand vous sentez la colère vous envahir, isolez-vous cinq minutes pour respirer et tentez de retrouver votre calme. Vous n'y parvenez pas ? N'hésitez pas à faire appel quand c'est possible à une autre personne pour prendre le relais.

« Réagissez avant d'être hors de vous. »

Mettez-vous d'accord avec votre conjoint

Comme vous avez accordé vos violons dans votre couple pour établir les règles, il est tout aussi judicieux d'adopter la même démarche sur la conduite à tenir en cas de désobéissance. L'enfant est élevé par ses deux parents et ils ne sont pas toujours d'accord. Et même s'ils le sont dans beaucoup de domaines, il y aura toujours des sujets de discorde. Autrefois, l'autorité n'était détenue que par le père. Depuis 1975, il y a un gouvernement bicéphale, qui implique un partage des décisions entre le père et la mère, un type de gouvernement qu'aucun pays au monde n'a encore expérimenté.

Dur de commander à deux

Nous n'avons pas de modèle encore bien rodé, il faut l'inventer au jour le jour. Les sujets de conflits ne manquent pas, tout simplement parce que nous n'avons pas été élevés de la même façon. Nous n'avons donc pas les mêmes références, les mêmes priorités en matière d'éducation. Il faut renoncer à un comportement harmonieux sans heurts et découvrir les vertus de la négociation.

« Pourquoi avec toi j'ai le droit et pas avec papa ? »

Quand notre conjoint a pris une décision que nous n'approuvons pas, et si la santé de l'enfant n'est pas en danger, il faut le laisser faire, quitte à en discuter plus tard, loin des oreilles de l'enfant. L'enfant pointe nos incohérences ? « Pourquoi avec toi j'ai le droit et pas avec papa ? – Oui, sur ce sujet, ton père et moi avons chacun nos règles, mais quand tu es avec ton père, tu fais ce qu'il te dit, et quand tu es avec moi, tu fais ce que je te dis. » Obéir à l'un n'est pas désobéir à l'autre. C'est important de se dire qu'à un moment, c'est l'intérêt de l'enfant qu'il obéisse à son père ou à sa mère, pour ne pas le dénigrer. Bien sûr, c'est plus facile si on est complice dans le couple.

Adoptez des stratégies communes

Pourquoi ne pas adopter des stratégies communes, comme dans les films policiers ? L'un endosse le rôle du gentil tandis que l'autre tient bon, pourvu que les rôles s'inversent et que ce ne soit pas toujours le même qui ait le bon ou le mauvais rôle. L'un peut également arriver à une négociation, acceptable par les trois parties. C'est ainsi que fonctionne le gouvernement :

il propose un projet de loi, la presse en parle, les associations réagissent et le gouvernement finit par faire adopter une partie du projet initial. Mais il ne faut pas que ce soit l'enfant qui négocie en direct avec un parent dans le dos de l'autre… Ni que ce dernier fasse bloc avec son enfant contre son conjoint.

« Prenez soin de vous et de votre conjoint. »

Enfin, on ne lève pas une punition donnée par son conjoint. Quand le père – c'est souvent le cas – en rajoute une dose, il montre l'intérêt qu'il porte à cette désobéissance, ce qui en général soulage la mauvaise conscience de l'enfant.

L'intervention du père

Son père a plus d'autorité ? Ce n'est pas bien grave : un enfant s'élève au sein d'une famille, il ne faut pas en être contrarié, sa mère lui apporte sûrement autre chose. Il ne s'agit pas de démissionner de son rôle ni d'en revenir au bon vieux : « Tu vas voir ce que va dire papa quand il rentrera », mais d'introduire une tierce personne dans le couple étroit formé parfois par un jeune enfant et sa maman, surtout si c'est elle qui le garde le plus souvent. En informant le père sur les agissements de l'enfant, la mère met de la distance : les bêtises de leur enfant ne concernent pas que le duo, la mère n'en est pas non plus l'unique destinataire, et elle casse ainsi la fusion dans laquelle elle s'est installée avec son fils. S'il y a sanction, c'est qu'elles viennent à l'encontre des règles fixées par les deux parents.

Quand les parents ne vivent pas ensemble

Cette attitude est particulièrement recommandée dans les familles séparées, où la mère se sent souvent seule pour assumer les décisions de punitions. Un petit coup de fil à son ex-conjoint permet d'affiner sa position. Faut-il rappeler qu'il est important aussi de se téléphoner pour raconter les exploits de l'enfant et pas uniquement ses bêtises ? On peut également se mettre d'accord sur les récompenses ! Si le téléphone n'est que le bureau

« On n'est jamais trop de deux pour élever un enfant. »

des lamentations, nous prenons le risque que l'enfant multiplie les désobéissances pour que nous restions en contact juste pour parler de lui...

Restez équitables

Souvent, nous nous montrons plus sévères avec l'enfant sage car il ne nous a pas habitués à désobéir, et plus laxistes avec celui qui enchaîne les bêtises. Pourtant, le fait qu'un enfant sage se lâche un peu n'est pas mauvais signe, il devient un peu moins perfectionniste et ce n'est pas plus mal au fond. Un enfant qui désobéit prouve qu'il n'a pas peur de perdre l'amour de ses parents !

Il existe parfois des différences entre les filles et les garçons. On attend des premières qu'elles soient plus sages et, quand elles transgressent un interdit, les mères surtout ont tendance à se montrer plus sévères qu'avec leurs fils. Pourtant, le catalogue des punitions doit être unisexe ! De même, il n'est pas juste de punir systématiquement le plus grand, sous prétexte qu'il devrait être plus sage en cas de bêtise collective. Soit on punit les deux, soit on ne punit pas, soit on punit le seul coupable, petit ou grand. On l'a vu, les grands n'ont pas à avoir autorité sur les plus petits. Ils ne peuvent donc pas être tenus pour responsables quand ces derniers désobéissent en l'absence des parents.

On ne choisit pas sa punition

Certains parents laissent le choix à leur enfant : tu n'as plus de télé pendant deux semaines ou tu ranges le grenier. Ce qui lui laisse penser soit que ses parents n'ont pas le courage de décider, soit qu'il peut se punir lui-même. C'est le mettre à une place qui n'est pas la sienne, car ce sont les parents qui sont compétents pour punir. Attention, une telle pratique peut fabriquer des comportements masochistes plus tard. Si on a un doute, dans ce cas, mieux vaut ne pas punir du tout.

« On choisit un cadeau, pas une punition. »

Savoir passer à autre chose

Une fois la punition donnée, on ne revient pas dessus, le casier judiciaire s'efface, on remet le compteur à zéro. Quand c'est fini, c'est fini ! La réparation, les excuses, la punition servent justement à effacer l'ardoise définitivement. On ne rappelle pas une bêtise à un enfant quinze jours ou un an après ! Et s'il s'enferme dans sa bouderie après un conflit, c'est toujours aux parents de faire le premier pas pour l'aider à en sortir. Certains enfants ont du mal à passer à autre chose, il faut leur donner un petit coup de main. La plupart du temps, ils n'attendent que ça, tout en ruminant dans leur coin. Oui, on peut consoler après une punition !

« Jamais de rancune avec son enfant. »

Les punitions données par les autres

Vous confiez votre enfant à ses grands-parents, à une nounou, vous leur déléguez aussi le droit de le punir. Il est préférable que l'enfant respecte la punition tant qu'il est sous leur toit, ou avec eux. Vous êtes le chef, eux sont des sous-chefs. Mais attention, si la punition vous paraît démesurée ou si vous n'êtes pas d'accord sur son principe, il est de votre devoir d'intervenir et de reprendre le contrôle suprême. Peut-être faut-il prévoir avec les grands-parents ou les personnes qui gardent l'enfant un certain nombre de punitions ? En tout cas, quand il revient chez vous, la punition donnée à l'extérieur doit cesser.

Chapitre quatre
Une journée ordinaire

Certains moments de la journée sont propices aux caprices, colères et autres désobéissances. Passage en revue pour déminer le terrain.

Des matins sereins

Dès que le réveil sonne, les adultes accélèrent et les enfants freinent... Cette différence de tempo entraîne inévitablement des tensions. Or plus c'est la course, plus il y a de caprices.

Préparer tout la veille

Petit déjeuner sur la table, cartable prêt, habits sur la chaise... L'avantage de ces préparatifs ? Augmenter le temps passé ensemble autour de la table et avoir tout le loisir de discuter du choix des vêtements. Jupe rouge ou verte, pull rose ou blanc ? C'est un bon domaine de négociation avec les enfants, leur sécurité n'est pas en jeu et, tant que la tenue est adaptée au temps qu'il fait, on peut les laisser choisir. Elle n'est pas adaptée au lieu ? On peut différer : la robe de princesse, ce sera pour mercredi après-midi. En revanche, si elle veut mettre une jupe à carreaux avec des collants à pois verts, pourquoi pas ? Les copains se chargeront de lui apprendre qu'elle ressemble à un clown... Mais si c'est important pour vous de voir votre enfant bien habillé, vous pouvez lui suggérer de mettre son tee-shirt Dragon Ball sous son pull, ou même dans son cartable, juste pour le montrer aux copains.

Prenez votre temps

Réveillez-le assez tôt pour ne pas avoir à vous presser et à vous fâcher : vous allez vous séparer pour la journée, et ce serait bien dommage de vous quitter sur un conflit. Faites au contraire de cette heure de la journée un moment agréable. Pourquoi ne pas organiser des mini-jeux ? Évidemment, ce n'est pas le moment de se lancer dans un puzzle géant, mais vous pouvez trouver des astuces pour égayer ce début de journée : vous laver les dents ensemble avec un minuteur, faire la course, le premier habillé a gagné...

« Le matin, surtout le matin, préférez la carotte au bâton ! »

Prenez le petit déjeuner en famille

Prenez le petit déjeuner tous ensemble, même si le petit dernier avale encore son chocolat au biberon.

Évitez le petit déjeuner devant la télé : c'est un facteur de frein car les enfants n'arrivent plus à s'en détacher... Cris et agacements assurés ! Vous les laissez devant pendant que vous préparez le petit déjeuner ? Dans ce cas, autant les laisser dormir encore un peu. En revanche, vous pouvez vous en servir de carotte : « Vous regarderez les dessins animés quand vous serez prêts... » Garder le meilleur pour la fin est toujours une stratégie payante.

Sur le chemin de l'école

Si vous pouvez l'accompagner, c'est vraiment bien, quitte à vous organiser avec votre conjoint pour établir un tour. Ce moment est propice aux confidences : il s'est fâché avec son copain, il y a un grand qui l'embête... Peut-être est-ce la raison pour laquelle il n'écoute rien en ce moment ? Prenez le temps de tendre l'oreille. Si le chemin est un peu long, faites-en un parcours de découverte plutôt qu'un chemin de croix : on dit bonjour à la boulangère, on élit un arbre, qui sera Notre arbre, et dont on suivra ensemble l'évolution au cours des saisons... Essayons d'être vraiment présents, et non déjà projetés dans notre journée de travail : si notre enfant sent que l'on a la tête ailleurs, on multiplie les occasions de conflits. On va se lâcher pour huit heures, les problèmes avec la comptabilité peuvent bien attendre encore un quart d'heure !

Et s'il refuse d'aller à l'école ?

Il ne faut pas toujours prendre cette réaction comme une opposition. Il a peut-être un souci, ou il est encore petit pour envisager gaiement d'être séparé de vous : toute une journée, c'est long... Pour l'aider à passer le cap, projetez avec lui les retrouvailles : « Ce soir, je viendrai te chercher et nous irons au parc. Qu'est-ce que tu aimerais dîner ce soir ? » Ce ne sont pas des projets mirobolants, mais juste des détails qui lui montrent que la séparation n'est pas éternelle ! Et s'il a vraiment du mal à vous quitter, glissez une photo de vous dans le cartable, qu'il vous redonnera une fois à la maison. Si ce refus perdure, qu'il est dans un état de panique chaque matin, il faut le prendre très au sérieux et impérativement solliciter un rendez-vous avec sa maîtresse : peut-être a-t-il des problèmes avec les autres enfants ou encore avec elle...

« Une heure pour l'adulte compte triple pour l'enfant. »

Le retour à la maison

Voilà un moment difficile. Pourquoi ? Parce qu'on se retrouve après une longue séparation et chacun doit retrouver ses marques. C'est d'ailleurs plus la situation qui génère les conflits que l'enfant.

En rentrant de l'école

« Quand on rentre, on embrasse son enfant avant de crier. »

Si vous pouvez aller le chercher, au moins de temps en temps, vous diminuerez d'autant la tension qui suit inévitablement la journée d'école, avec son cortège de conflits potentiels. Pour les plus jeunes, les retrouvailles demandent un temps d'adaptation : ils ont pris sur eux pour supporter la séparation et l'on « paye » un peu la note... Donc, période critique. Il faut savoir que ce temps du retour ne sera pas encore pour vous le temps de souffler. Pendant une demi-heure, il va falloir vous montrer disponible et ouvert, répondre à ses questions. Restez calme, même s'il vous « cherche ». L'idéal est de vous asseoir sur le divan, de laisser le téléphone sur messagerie et de le laisser venir... On mettra le bain et le repas en route plus tard ! Si on prévoit ce sas entre la première et la deuxième journée, on diminue d'autant les crises, c'est là encore un temps d'économie pour la suite de la soirée.

Goûtez ensemble, c'est un joli moment pour se parler : au coude à coude sur la table de la cuisine, chacun évoque sa journée... Après ces retrouvailles, on répartit les tâches en lançant à la cantonade : « Qui va m'aider à mettre le couvert, à étendre le linge… » Et pfft ! Comme par magie, tous les enfants disparaissent dans leur chambre, et là, vous pouvez vraiment commencer à souffler un peu !

Tu as fait tes devoirs ?

Voilà encore un sujet de conflit permanent : la plupart du temps, il faut le harceler pour qu'il ouvre à nouveau son cartable. Pas étonnant vu le nombre d'heures qu'il vient de passer à l'école…

On prend la précaution de regarder le cahier de textes, puis on le laisse faire. L'idéal est qu'il les fasse pendant qu'on s'active de notre côté : cela permet d'être présent, sans être sur son dos, disponible, en position d'aide et non de censeur : « Si tu as besoin de moi, je suis là. » Certains enfants préfèrent travailler dans une pièce commune plutôt que dans leur chambre. Pourquoi pas ? Assis dans la cuisine ou la salle à manger, notre présence leur sert de tuteur et nous leur transmettons un peu de notre force.

Pour les enfants qui ont du mal à se concentrer, mieux vaut supprimer toute source de distractions : télévision, musique…

Un temps limité

Le mieux est de fixer une heure de devoirs non négociable : votre enfant peut s'organiser autour de cette contrainte. Il sait qu'il y a un avant et un après, c'est motivant d'anticiper le moment de jeu vidéo à venir… Pourquoi ne pas la déterminer ensemble ? Pas de devoirs immédiatement au retour de l'école, le temps du goûter étant indispensable, comme on vient de le voir. En revanche, le moment des devoirs et du bain peut être déplacé.

Prenons le bain, justement : pourquoi ne pas le lui faire prendre après le goûter ? Contrairement à une idée reçue, le bain réveille plus qu'il ne calme, il est donc préférable de ne pas le plonger dans la baignoire avant de le coucher. S'il l'a pris au contraire avant les devoirs, il sera nettement plus en forme pour s'y mettre. Certains enfants seront même plus performants après le dîner, et pourquoi pas s'il ne mange pas trop tard ? Lui laisser choisir son heure le mettra en situation d'acteur. On augmente ainsi considérablement le fait qu'il s'y mette sans rechigner. On peut également tenter plusieurs formules avant d'adopter l'horaire adéquat. Et ne pas fixer la même heure pour tous les enfants, ce qui nous permet de mieux nous occuper de chacun. Enfin, si c'est vraiment trop la guerre, peut-être vaut-il mieux faire appel à un étudiant ou le laisser à l'étude pour qu'il fasse ce qu'il a à faire. Mais il faudra quand même regarder avec lui ses cahiers. C'est important de garder un œil sur la scolarité de son enfant.

« Pour les devoirs comme pour la télé, c'est temps limité ! »

Après l'heure, c'est plus l'heure !

Pas de torture avec les devoirs : après l'heure, ce n'est plus l'heure, on passe à la suite du programme. Il n'a pas terminé ? Tant pis, il assumera avec la maîtresse le lendemain, quitte à lui faire un petit mot pour dire qu'il y a passé du temps mais n'a pas terminé. Respecter les temps établis aide l'enfant à être obéissant. Vous estimez que les devoirs font partie de ses obligations ?

Supprimez alors le temps de télé, mais pas le jeu, qui est bon pour son développement. Et, faut-il le rappeler, une fois l'heure des devoirs passée, on n'en parle plus. À table, il y a mille sujets de discussion beaucoup plus intéressants !

À taaable !

« Finis ton assiette », « Ne t'affale pas sur la table », « Ne sors pas de table »... Le repas se transforme souvent en une suite d'injonctions auxquelles les enfants ne se plient pas forcément. Comment retrouver la bonne humeur ?

Manger selon sa faim

Votre enfant ne veut pas finir son assiette et vous assure qu'il n'a pas faim ? Inutile de le forcer. Ce n'est pas une désobéissance que de ne pas avoir faim. C'est à lui de réguler son appétit et il n'y a que lui encore qui connaît vraiment ses besoins physiologiques. En obligeant un enfant à manger, on prend le risque qu'il souffre plus tard de troubles alimentaires, ayant perdu la boussole personnelle de sa faim. Mais attention, dans ce cas-là, il lui faudra attendre le repas suivant, c'est à vous de vérifier qu'il ne dévalise pas entre-temps la réserve de gâteaux ou de bonbons. D'ailleurs, cette réserve est-elle utile ? Accessible aux enfants ? Une question à méditer…

Quand les enfants mangent entre les repas, il n'est pas étonnant qu'ils n'aient pas faim à l'heure de passer à table. Laissez-le manger à son rythme : il est suffisamment harcelé à la cantine pour finir son assiette !

C'est pas bon !

Le bras de fer commence souvent avec l'enfant qui refuse de manger un plat qu'il n'aime pas. L'a-t-il goûté ? C'est important de lui demander d'en manger au moins une cuillère pour se faire son opinion. Il n'aime vraiment pas ? Alors, il ne faut pas le forcer. Les goûts s'initient durant l'enfance et il est important qu'il goûte de tout, quitte ensuite à ne manger que ce qui lui plaît. Devenu adulte, il retournera sûrement vers ces haricots verts ou ces courgettes qu'il boudait petit.

Un moment de discussion

On peut toutefois le contraindre à rester à table car c'est souvent le seul moment de la journée où toute la famille est réunie. Il ne partagera pas les plats, mais les discussions, surtout si on coupe la télévision qui empêche tout dialogue. On peut être tenté de l'allumer pour faire taire les conflits, mais c'est vraiment dommage de ne pas profiter de ce moment pour se parler et, pourquoi pas, se disputer ! Il ne faut pas fuir le conflit, il est très formateur. À table, on apprend à prendre la parole, à attendre son tour pour donner son avis, à argumenter, à ne pas être d'accord et à le dire... La télévision empêche cette richesse des échanges familiaux. De plus, elle favorise l'obésité en mélangeant l'émotion ressentie devant l'écran et la nourriture ingurgitée. S'il n'est pas captivé par l'écran, il maîtrisera mieux ce qu'il avale, restera à l'écoute de son rythme, de sa satiété. D'ailleurs, c'est valable pour les enfants comme pour les adultes...

« Parler la bouche pleine, c'est mieux que se taire devant la télé. »

Faites-le participer

Si votre enfant mange mal, une bonne astuce est de le faire participer aux courses : s'il voit concrètement la chaîne alimentaire du produit au plat cuisiné, il aura moins peur de la nouveauté. Il peut également vous aider à préparer le repas : jusqu'à 8-10 ans, ils sont en général ravis de mettre la main à la pâte et ont beaucoup de plaisir à déguster un plat auquel ils ont participé. Surtout si toute la famille s'extasie sur le résultat... Quant à l'aide indispensable des enfants pour mettre et débarrasser la table, on instaure un tour sur la semaine et l'on n'y revient pas chaque soir. Avec une égalité de traitement entre filles et garçons, mais aussi entre les volontaires et ceux qui rechignent...

Une question de tenue...

« Tiens-toi droit », « Pas de game-boy à table, je l'ai déjà dit », « Arrêtez de vous disputer »... On n'en finirait pas d'égrener nos refrains quotidiens lors des repas. D'autant que chaque parent a ses exigences et que les disputes n'épargnent pas le couple ! Pour vous, il est capital que l'enfant ne mette pas les coudes sur la table ou ait sa serviette autour du cou alors que votre conjoint s'en moque éperdument ? Votre enfant sent bien qu'il y a désaccord entre vous et il ne peut s'empêcher d'attiser le feu. Qui va gagner de papa ou maman ? Si vous avez du mal à vous mettre d'accord, il peut être intéressant d'établir un tour de « commandement » : une semaine, c'est papa qui instaure les règles, la semaine suivante, c'est maman. Vous récupérez la richesse de l'éducation des familles séparées et les deux parents peuvent être fidèles aux règles de leur lignée, à leurs valeurs. Pour certains, c'est très important. Autre avantage : ce n'est pas forcément le parent qui a le plus d'autorité qui impose ses règles. Et ça, c'est une prévention contre la dictature !

Une question de place

Dans une famille, on a souvent tendance à occuper toujours la même place à table. Il suffit parfois de déplacer un enfant pour retrouver des repas sereins.

Il est bon également que les enfants aient eu un temps pour jouer un peu avant de manger – en dehors de la télé, activité trop passive – ce qui implique qu'ils n'enchaînent pas devoirs et repas, sinon, ils auront tendance à se défouler à ce moment-là.

Petites crises du soir

C'est toute une histoire pour le faire aller au lit et y rester ? Il faut sans doute changer les rituels pour retrouver un peu de sérénité.

Supprimez les sources d'excitation

Il n'en est pas encore au petit noir bien serré mais le Coca, outre qu'il n'a aucun intérêt sur le plan nutritionnel, est reconnu comme un puissant excitant qui énerve et empêche de dormir. Le café au lait le soir est également à proscrire pour les mêmes raisons, auxquelles il faut ajouter la difficulté à le digérer. La télévision, les jeux vidéo, le manque de sport ou de repos sont également des facteurs qui empêchent de s'endormir paisiblement.

À *quelle heure ?*

Cette heure doit faire l'objet d'une négociation avec votre conjoint. Si vous n'êtes pas sûr de vous, prenez conseil auprès du pédiatre ou de vos amis pour déterminer un horaire raisonnable. Cela ne signifie pas que votre enfant sera obligé de dormir – le sommeil, c'est comme la faim, ça ne se commande pas – , mais qu'il ira dans son lit à cette heure-là. Souvent, une fois couché, il s'endormira rapidement. Il n'y arrive pas ? Il peut regarder un livre, mais pas la télé ou l'ordinateur, qui sont sources d'excitation. Et s'il fait le cirque un peu trop longtemps, on peut même s'en servir de menace : « Ce sera autant de temps de télé en moins pour demain. »

Il refuse d'aller au lit ?

Il faut d'abord chercher à comprendre pourquoi. Est-ce que c'est le plus grand et qu'il ne veut pas se coucher comme les bébés ? Il faudra revoir alors l'heure du coucher : un petit quart d'heure de plus que son petit frère peut régler le problème. Vous voit-il assez ? Si vous rentrez tard, il peut reculer le moment d'aller au lit pour profiter un peu de votre présence. Promettez-lui que vous ferez des activités avec lui le week-end prochain et expliquez-lui qu'il a besoin de ce temps de sommeil : « Pendant que tu dors, ton corps grandit, tu fabriques de l'intelligence : tu vois, il se passe un tas de choses contrairement à ce que tu crois. » Ce genre d'explications a également le mérite de rassurer les enfants chez qui le sommeil réveille des angoisses de mort.

Est-ce qu'il se sent bien dans sa chambre ? C'est important qu'elle soit bien décorée, qu'il se sente entouré d'objets qu'il aime, d'une couverture douillette. C'est d'ailleurs une des raisons pour lesquelles il ne faut pas brandir la chambre comme un lieu de punition. Il doit la retrouver avec plaisir. Mais peut-être aussi est-il un peu angoissé à l'idée de vous quitter, d'où l'importance des petits rituels qui rassurent.

Des petits cailloux sur le chemin du sommeil
L'histoire du soir, le verre d'eau… Autant de petits rites quotidiens qui l'aident à trouver le

« Le marchand
de sable a
la voix ferme
et les yeux
de velours. »

sommeil. Évitez seulement qu'ils s'éternisent, sinon ils ne jouent plus leur rôle de balises. Avec le plus anxieux, on peut négocier la lumière du couloir allumée, la veilleuse, la porte entrouverte : il s'assure ainsi qu'il pourra faire appel à nous en cas de besoin. Pourquoi ne pas instaurer la règle des trois vœux pour en limiter le nombre ? Il a droit de choisir trois rituels : histoire, chanson, porte ouverte… S'il ne les utilise pas tous, le lendemain, il aura droit aux vœux non utilisés ! Certains préfèrent dormir à deux, avec leur frère ou leur sœur. Si tout le monde est d'accord, il n'y a pas de raison de ne pas l'autoriser. Tant pis pour la chambre que vous venez juste de refaire, elle servira de salle de jeux commune…

Il se relève sans arrêt

Il est important de se montrer ferme. Souvent, c'est parce qu'il a envie de partager un moment de soirée avec nous, surtout si nous sommes devant la télévision. Mais il ne faut pas nous sentir coupables de prendre du plaisir sans nos enfants… N'hésitez pas à vous fâcher, même s'il se met à hurler. Et à tenir bon, tant pis pour les voisins. Cette attitude le rassure : ses parents sont plus forts que sa peur du noir ou son angoisse d'être seul pour affronter la nuit, pense-t-il tout bas en reniflant. Et puis, un enfant qui pleure un bon coup ensuite se calme assez vite…

Il dit qu'il a peur

La nuit réveille les angoisses des plus anxieux, il faut savoir les entendre sans pour autant céder : faites-le parler de ce qui l'inquiète, ce qui a pour effet de diminuer l'angoisse. Et habituez-le à raconter ses rêves le matin, les beaux comme les mauvais, sans oublier de lui faire part de certains des vôtres. L'intérêt ? Il voit qu'il n'est pas seul à faire des rêves, que le sommeil est toujours suivi d'un réveil. Une nuit peut se raconter comme une journée, et raconter, c'est commencer à maîtriser et donc avoir moins peur.

Voilà qui l'aide à aborder plus sereinement le moment de l'endormissement. Trouvez également des petits livres pour enfants qui ont pour thème les peurs nocturnes, les cauchemars : ils n'alimenteront pas leurs terreurs, mais les aideront au contraire à les surmonter ! Pourquoi ? Parce que les voir sur le papier va les aider à les sortir de leur tête. Un bon moyen pour éloigner les démons, c'est de les dessiner, tout en proposant une solution à son enfant : « La prochaine fois que la vilaine sorcière t'embêtera, appelle à la rescousse le gentil magicien qui terrasse les sorcières ! »

Il veut venir dans votre lit

Il est fréquent, notamment vers 3 ou 4 ans, que l'enfant veuille venir dormir dans le lit de ses parents. Il est alors en pleine crise œdipienne qui le pousse inconsciemment à vouloir les séparer, en s'immisçant dans leur intimité. Traduction : la petite fille aimerait bien séduire son papa et devenir sa petite femme ; le petit garçon, devenir le petit mari de sa maman. Tous ces désirs sont bien sûr totalement inconscients et il ne faut surtout pas que l'attitude des adultes leur laisse à penser qu'ils disposent de ce pouvoir de les diviser. Or, c'est exactement ce qui se passe quand le père va dormir sur le canapé du salon, laissant son fils à sa place dans son lit... Il faut résister fermement à cette tentation, même (et surtout) quand on traverse une crise de couple et que sa demande, au fond, nous arrange bien... C'est l'équilibre psychique de l'enfant qui est en jeu : en effet, il partage alors l'intimité de ses parents au moment même où il doit renoncer à être la femme ou le mari de l'un des deux ! C'est l'installer dans un dilemme impossible. En revanche, si on le sent trop inquiet, pourquoi ne pas lui placer un matelas de fortune au pied du nôtre ? En général, il y dormira une nuit ou deux et retournera de lui-même dans son lit, nettement plus confortable. Enfin, s'il est malade un soir, on peut accepter de le prendre avec nous une nuit ou deux : ce sera l'exception qui confirme la règle, avant qu'il ne rejoigne sa chambre. Pas parce qu'il a bougé sans arrêt et qu'on a mal dormi, mais parce que ce n'est pas sa place, tout simplement.

« Renoncez au plaisir de dormir avec votre enfant : ce n'est pas un doudou. »

Chapitre cinq
Les situations à risque

Loin de la routine, certaines situations sont problématiques : parce qu'elles sont inédites pour l'enfant, parce qu'il n'a plus ses repères...

Au restaurant

Quand un enfant n'obéit pas, on peut hésiter à y aller, ou ne fréquenter que les fast-food, ce qui est bien dommage. Par sa situation inédite, le restaurant est un lieu social instructif : on y apprend la représentation de soi, c'est-à-dire à bien se tenir, à parler doucement, à manger proprement. Les enfants y voient aussi leurs parents manger hors de leur contexte familier et d'autres adultes respecter les usages de la table. S'il se conduit mal, n'hésitez pas à sortir du restaurant pour lui rappeler les règles données avant d'entrer. Mais ne vous privez pas d'y retourner, même si cela se passe mal la première fois. Aller au restaurant, ça s'apprend, il faut du temps pour intégrer tous ces codes ! Et c'est une belle récompense, un beau cadeau, que d'amener un enfant manger tout seul au restaurant. Il sait que c'est une habitude d'adulte et c'est une façon de l'élever.

Au supermarché

Il a l'habitude d'y faire des scènes ? Ce n'est pas très étonnant car le supermarché n'est pas un endroit très utile pour les enfants. Si vous êtes obligé de l'emmener, préparez la sortie à l'avance. Précisez-lui bien que vous allez faire les courses pour toute la famille, pas pour lui acheter des jouets ou des bonbons. Confiez-lui des initiatives, comme vous aider à mettre les aliments dans le caddie ou encore chargez-le de la liste, s'il sait lire. Un enfant occupé a beaucoup moins de chances de faire des caprices. Il en fait quand même ? Rappelez-lui que vous l'aviez prévenu et ne cédez surtout pas. Même si la caissière vous regarde de travers : vous ne la reverrez sans doute pas et l'éducation de votre enfant est nettement plus importante que ce que cette inconnue pense de vous ! Autrefois, les adultes se soutenaient quand un enfant faisait des caprices et lui conseillaient d'écouter sa mère. Ce n'est plus le cas aujourd'hui, bien au contraire ! Non, vous n'êtes pas un mauvais parent parce que votre enfant vous désobéit. Quittez cet air de mauvais élève. Dans l'absolu, mieux vaut éviter d'emmener nos enfants dans les supermarchés : ces lieux sont excitants, tout y est fait pour attiser les envies, il faut être héroïque pour résister, même quand on est adulte. Emmenez-le plutôt au marché, c'est beaucoup plus instructif et intéressant. Pourquoi ne pas organiser un tour de garde avec une amie ou une voisine ? Pendant qu'elle fait ses courses,

« N'ayez pas peur des larmes de votre enfant : il faut un peu d'eau pour que les arbres poussent. »

vous gardez ses enfants, à charge de revanche.
Et si vous ne pouvez vraiment pas faire autrement que de l'emmener avec vous, limitez au
maximum le temps à y passer et faites ensuite
quelque chose de plaisant avec lui, puisqu'il
se sera bien tenu, grâce aux conseils ci-dessus
naturellement !

Chez des amis

On ne peut pas emmener ses enfants chez
tous ses amis. Certains y sont allergiques
comme aux poils de chat et mieux vaut les voir
en dehors de la présence de notre progéniture.
De plus, quand les amis ne sont guère emballés à
l'idée de voir débarquer notre horde bruyante,
elle est encore plus infernale ! Comme nous
nous sentons jugés, nous sommes plus exi-
geants que d'habitude et les enfants se rebel-
lent. Choisissez bien les amis chez qui vous les
emmenez. Parlez-leur auparavant des personnes qui seront là et du temps que vous projetez d'y rester. Il faut être conscient que s'il

n'y a pas d'enfants, le vôtre risque de s'ennuyer. **Aimerions-nous passer un après-midi à l'anniversaire d'un de ses copains de six ans ?**

Rappelez-lui les règles : « Chez mon amie Tina, on ne met pas de biscuits sur la moquette, elle est très maniaque. Chez Sophie, on ne court pas dans tous les sens, les voisins sont âgés... » S'il se conduit mal, c'est peut-être que nous avons critiqué en sa présence notre amie et qu'il se fait notre porte-parole : Tina est maniaque, c'est papa et maman qui l'ont dit... Il se sent autorisé en quelque sorte à écraser son petit-beurre sur le canapé. À partir de 7 ans, on peut les mettre dans la confidence : « Tu connais Tina... » Et quand elle se précipite pour mettre hors de portée ses coussins en soie, on s'adresse un clin d'œil complice... Pour une soirée, il est sage qu'il emporte sa game-boy et son dessin animé préféré. Enfin, on ne peut pas se comporter comme s'il n'était pas là, en le rabrouant à chaque fois qu'il vient nous voir. Sinon, mieux vaut ne pas l'emmener du tout...

Le week-end

Normalement, c'est un moment où l'on se retrouve en famille avec plaisir. Mais c'est aussi souvent l'occasion de tous les confits...

Ralentissez le rythme

Pour être acceptées dans la semaine, il est important que les règles s'assouplissent un peu pendant le week-end. On peut lâcher du lest sur la télé, les impératifs de la diététique, l'heure du coucher... On prend le temps de vivre, de flâner. Inutile de charger l'emploi du temps du matin au soir : faire le marché ensemble, cuisiner un gâteau pour le goûter sont des moments de partage souvent plus intenses qu'une séance de cinéma ou une balade à Disneyland ! C'est un temps de vacance, c'est-à-dire de vide. Acceptons de rester tranquillement à la maison, ce n'est pas grave s'il y a un peu de chahut... On prévoit une activité sympa par jour et c'est bien assez. Il faut apprendre à un enfant à jouer seul dans sa chambre, en dehors de la télé et des jeux vidéo. Ce temps apaisant libère son imagina-

« En semaine, on gronde, en week-end, on pardonne. »

tion, et de plus, comme on ne lui demande rien, cela lui évite de désobéir ! C'est peut-être encore le moment de revenir sur les moments difficiles de la semaine, au calme : « Tu vois, ta corrida de mercredi, ça n'a mené à rien. » On l'aide à réfléchir à son comportement, hors période de conflit. Pourquoi ne pas prévoir également des activités séparées avec chacun des enfants ? Le père va à la piscine avec l'aîné, la mère fait son jogging avec le petit qui suit à vélo... Ensuite, on se retrouve au café comme les grands pour boire un chocolat. Ces moments privilégiés avec chacun de nos enfants sont très précieux. Et bien sûr, le week-end doit être l'occasion de manger tous ensemble, sans se presser...

Quand la tension monte...

Pourquoi ne pas laisser monter le père au créneau en cas de conflit ? Souvent moins présent durant la semaine, c'est une façon de lui redonner toute sa place et non de continuer à tout gérer en soupirant : « Décidément, tu n'as aucune autorité... » Il posera ses propres interdits, souvent différents de ceux de la mère, et c'est très bien comme ça. Le dimanche soir est souvent un moment difficile pour toute la famille, il y a de l'excitation dans l'air ! C'est une fin de cycle, il y a l'angoisse du lundi... Pourquoi ne pas proposer d'aller au restaurant ? Ou encore de planifier en couple une soirée cinéma ? On a bien profité des enfants, et maintenant, on s'occupe de nous !

Un temps de jeux vidéo et de télévision

Pour que nos enfants ne passent pas trop de temps devant les écrans au détriment du sport et des jeux d'imagination, nettement meilleurs pour leur développement, voici quelques balises, aussi précieuses que le nombre de calories nécessaires par jour ou le temps de sommeil.

- Temps recommandé : une heure par année d'âge et par semaine avec un maximum de douze heures. À partir de 6 ans, on peut apprendre à son enfant à gérer son « capital » d'heures. « Si tu regardes deux heures aujourd'hui, ce sera autant de moins pour demain. » Pourquoi ne pas fabriquer un stock de tickets sur lesquels on inscrit un temps limité ? Quand l'enfant a épuisé son quota, on éteint le poste...

- On ne doit pas compter sur l'enfant pour limiter tout seul sa consommation de télévision ou d'ordinateur. C'est aux parents d'exercer le contrôle, de sélectionner dans le journal les émissions à regarder.

« La télé, ni à table, ni au lit ! »

- Dès qu'il sait lire, il peut choisir sur le programme comment utiliser son temps de télé. L'enfant doit apprendre à choisir une émission à regarder et non pas regarder la télé pour la regarder.

- Bien entendu, on n'installe pas une télévision ou un ordinateur dans la chambre : ce serait comme mettre une tablette de chocolat sous le nez de quelqu'un qui est au régime !

- Vous êtes dépendant de la télévision ? Ce n'est pas une raison pour laisser vos enfants en abuser... Veillez à ce que le poste ne soit pas allumé en permanence : trop de télévision fabrique des enfants hyperactifs, qui ont du mal par la suite à se plier aux règles.

En vacances

Encore une période épineuse qu'il faut avoir bien préparée pour pouvoir en profiter pleinement.

Annoncez le programme !

Une des règles est de bien lui expliquer où l'on va se rendre ensemble, lui montrer l'endroit sur le plan, des photos sur Internet… L'excitation est souvent due à une inquiétude devant l'inconnu, à une angoisse. Avant de partir, faites-lui ranger ses affaires dans sa chambre, en évoquant ce qui va se passer pendant son absence : la concierge s'occupera du chat… Il aura la certitude de tout retrouver à sa place, c'est rassurant.

Sur la route

Le trajet de l'aller est toujours le plus problématique parce que les parents sont énervés et que les enfants en sont déstabilisés. Nous avons de nouvelles exigences qui les désarçonnent. Là encore, mieux vaut anticiper, prévoir des livres et des jeux pour les occuper. C'est même le seul moment où ils peuvent abuser de leur console ! Organisez-vous si vous partez en train ou en avion : l'un s'occupe des billets et des bagages, l'autre des enfants, pour que l'un de vous reste disponible.

Redéfinissez les règles

En vacances, les règles sont forcément un peu différentes. Elles sont plus axées sur la sécurité, plus souples sur les rythmes quotidiens. Peut-être est-ce justement le bon moment pour revisiter les contraintes de l'année ? On exige peut-être des choses qui ne sont pas si importantes, comme la douche tous les soirs, par exemple. Les vacances permettent de relativiser un peu, de hiérarchiser nos exigences. Nous sommes plus détendus, les motifs de conflits s'estompent... Il faut en profiter. Pensez aussi à définir de nouvelles règles, sur la plage par exemple. Même s'il est intéressant que les enfants fassent des activités, il faut aussi se réserver du temps en famille. Nous avons des comportements différents et c'est l'occasion de nous retrouver sur d'autres bases.

« En vacances, nouveaux lieux, nouvelles règles. »

Le retour

En général, il se passe bien mieux que l'aller. Les enfants sont souvent contents à l'idée de retrouver leur univers familier. Si c'est possible, il est bien de revenir quelques jours avant la rentrée pour réinstaurer les rythmes du coucher, des repas, préparer les affaires. C'est sympa pour les enfants d'avoir leurs parents en vacances à la maison... Et l'on retient les leçons tirées durant l'été : faire du sport en famille, pique-niquer plus souvent. Pour ne pas l'oublier, on le note sur un papier et on l'accroche sur le frigo.

Conclusion

Au terme de ce livre, vous voilà armé pour vous faire obéir de votre enfant. Mais attention, l'obéissance n'est pas une fin en soi. Elle est un moyen pour devenir un adulte. Un sésame qui lui ouvre des portes tandis que la toute-puissance les ferme et le laisse du côté des bébés. Quand votre enfant aura pris l'habitude de vous obéir, faites-lui remarquer ce qu'il a gagné grâce à cette nouvelle attitude. « Tu vois, avant, je ne t'emmenais pas avec moi parce que tu étais insupportable, mais maintenant je peux. » C'est en prenant concrètement la mesure des avantages que lui procure cette obéissance qu'on la renforce. C'est la raison pour laquelle, lorsque l'enfant grandit, on peut lui laisser le choix : « Si tu obéis, nous irons au parc, sinon, nous restons à la maison. À toi de voir. » D'ailleurs, préférez le mot « règle » à celui d'« obéissance ». C'est comme une règle du jeu que l'on doit appliquer pour pouvoir continuer la partie. Comme nous ne sommes jamais à l'abri d'une rechute, rappelons-lui dans ces moments-là qu'il a été capable la vieille, la semaine dernière, de surmonter sa frustration. Oui, il se souvient, il a été « cap » d'obéir comme le grand qu'il est en train de devenir...

Des mêmes auteurs

Comment survivre quand les parents se séparent ?,
Albin Michel Jeunesse, 2004

STÉPHANE CLERGET

Ne sois pas triste mon enfant,
Robert Laffont, 1999

Séparons-nous, mais protégeons les enfants,
Albin Michel, collection Questions de parents, 2004

Élever un garçon aujourd'hui,
en collaboration avec Pascale Leroy,
Albin Michel, collection C'est la vie aussi, 2005

Les pipis font de la résistance,
en collaboration avec Karine Mayo,
Albin Michel, collection C'est la vie aussi, 2006

BERNADETTE COSTA-PRADES

*Les filles (un peu) expliquées aux garçons
et les garçons (un peu) expliqués aux filles,*
Albin Michel, 2007

Impression Bussière en juillet 2007
Editions Albin Michel
22, rue Huyghens, 75014 Paris
www.albin-michel.fr
ISBN 978-2-226-18053-7
N° d'édition : 25346. – N° d'impression : 072288/1.
Dépôt légal : septembre 2007.
Imprimé en France.